LÓGICA PRIVADA

DESCUBRIENDO UN COFRE REPLETO DE ORO

Lynn Lott

Barbara Mendenhall

Emily Wang

Manual oficial de la formación certificada
ENCOURAGEMENT CONSULTANT de Lynn Lott

Título original: *Private Logic: Uncovering a Trunkful of Gold*

© Lynn Lott Encouragement Consulting

Traducción: Florencia Basaldua

Diseño de portada: Kristian Orozco

ISBN 978-1-7340820-2-9 (papel)

ISBN 978-1-7340820-3-6 (ebook)

Primera edición, 2020.

Lynn Lott Encouragement Consulting

www.lynnlottec.com

Índice de Contenidos

Descubre el pasado, comprende el presente, crea un futuro diferente

Un mendigo había estado mendigando durante treinta años y creía que así sería el resto de su vida. Un día, un extraño pasó cerca del mendigo y lo vio sosteniendo un sombrero y murmurando: "Tenga misericordia y piedad, deme algo de dinero".

El extraño le dijo: "No tengo nada para tí". Y luego le preguntó: "¿Sobre qué cosa estás sentado?".

El mendigo respondió: "No es nada, sólo un viejo cofre. —He estado sentado sobre él por años y años".

El extraño le preguntó: "¿Has abierto el cofre alguna vez?".

"No, nunca", le respondió el mendigo. "¿Cuál sería el punto?, no hay nada adentro".

El extraño insistió: "Abre el cofre y mira".

El mendigo, no teniendo nada mejor que hacer, abrió el cofre. Para su enorme sorpresa y gozo, el cofre estaba repleto de oro. ¡El mendigo había creído durante toda su vida que era pobre, y había pedido ayuda sin darse cuenta que había estado sentado sobre un cofre lleno de oro!

Esta es una metáfora perfecta de la vida. Muchos de nosotros buscamos respuestas, esperando que otros nos guíen y ayuden, sin darnos cuenta de que estamos sentados sobre un cofre lleno de memorias de la infancia, que constituyen nuestro tesoro más grande. Hay oro en nuestros recuerdos.

Los recuerdos de la infancia contienen un mapa para nuestra vida futura. Los dilemas con los que nos encontramos en nuestra vida como adultos comienzan con las experiencias que tuvimos cuando éramos niños. Los recuerdos están allí para alertarnos sobre la posibilidad de algún daño o para alentarnos a continuar determinados patrones de acción y pensamiento. No podemos modificar aquellas decisiones que tomamos de niños sin hacerlas conscientes y sin tomar la iniciativa.

Emilia se sentía molesta por ir a Shanghái (en su mente, la Manhattan de China) a dar un entrenamiento. Ella dijo: "Pensaba que las personas de Shanghái eran elegantes y mal intencionadas, y que se reirían de mí y me tratarían sin ninguna amabilidad. Aunque había vivido en

Beijing durante 13 años, y era una profesora universitaria moderna y una entrenadora y emprendedora de negocios exitosa, me generaba mucha incomodidad ir a Shanghái. Para obtener ayuda con mi dilema, volví sobre mis recuerdos de la infancia. Recordé cuando era una niña de pueblo y de pronto me mudé a la ciudad con mis abuelos para poder acceder a una escuela mejor. Un día, mi maestra fue a visitar a mi abuela y le dijo: "Deberías llevar a Emilia a que se corte el pelo y hacer que se lo lave con más frecuencia". Recuerdo haberme sentido sorprendida y avergonzada. Realmente no encajaba con las adolescentes de la ciudad. En mi memoria, la ciudad era hermosa y limpia, mientras que yo no me sentía ni limpia ni elegante. Me sentí insegura y con miedo.

Una vez que vi mi "complejo de Shanghái" en mi recuerdo, me imaginé utilizando una varita mágica, y modifiqué mi recuerdo. Me vi a mi misma contenta, rodeada por un grupo de adolescentes no tan limpios, riéndose y siendo alegres a mi alrededor". Los recuerdos de la infancia pueden ser modificados si encuentras una varita mágica cerca tuyo (¡un lápiz mágico podría funcionar en lugar de una varita!).

Esta es la mejor parte de trabajar con estos recuerdos. Podemos cambiar la hoja de ruta que dibujamos cuando éramos niños, lo que nos abre nuevas posibilidades como adultos. Podemos crear nuevos finales para nuestras historias.

¿Tienes un recuerdo ahora?

¿Qué te está diciendo este recuerdo?

¿Qué puedes aprender de tu recuerdo acerca de un conflicto presente?

Imagina esto: tienes tres años. Tus padres acaban de volver a casa con un hermano nuevo. Sostienen al bebé y sonríen, y hablan en ese idioma especial para bebés, y besan al bebé todo el tiempo. Entonces te dicen: "Mira, tienes un hermanito nuevo. Ven y dale un beso a tu hermano". Sales corriendo y llorando hacia otra habitación, te tiras en el suelo, golpeas con tus pies y puños y te niegas a levantarte.

¿Qué estás pensando en ese momento? Podría ser algo así: «Si yo era suficientemente bueno, ¿por qué tuvieron que tener otro bebé? No me aman ni me quieren». Es muy posible que tú, y muchos otros niños de tres años, piensen de esta manera, y sin importar lo que otros pudieran decirte, estabas bastante seguro de que tenías razón.

Este es el comienzo de la lógica privada. Es tu respuesta inconsciente a lo que está sucediendo a tu alrededor —lo que decidiste cuando eras pequeño y lo que crees aún hoy en tu vida adulta. A una edad muy temprana, inclusive antes de que desarrollen el lenguaje, los niños toman decisiones que no saben que están tomando. Una vez tomadas, estas decisiones quedan sepultadas en el cerebro hasta que son necesarias para darle sentido al mundo. A estas decisiones en conjunto las llamamos *lógica privada o sistema operativo,* y son distintas en cada persona.[1]

La lógica privada que construiste siendo un bebé o niño pequeño te ayuda a explicar y comprender el mundo que te rodea. No significa que tengas razón, pero es completamente posible que creas tus pensamientos y que, sin saber, los lleves contigo mientras vives tu vida.

Más allá de lo que la sabiduría convencional dice acerca de la influencia de la genética (lo dado) y del ambiente (lo adquirido) en el desarrollo de la personalidad —y claro que juegan una parte en esto— *es tu interpretación creativa, tus decisiones inconscientes sobre qué es lo que está pasando a tu alrededor lo que mejor explica cómo formaste tu lógica privada.* Nadie te hizo pensar, así como piensas, y los pensamientos no se heredan. La vida sucedió; tú tenías necesidad de otorgarle un sentido; a una edad tan temprana no tenías ni idea de que estabas construyendo un sistema tan complejo para explicar quién eras, quiénes eran los demás, de qué se trataba la vida, y por lo tanto cómo debías comportarte. Tu lógica privada es el patrón de reacción e interacción entre tu vida y tú.

La llamamos lógica privada porque es individual y personal. Contiene tus creencias acerca de cómo son o deberían ser tú mismo, los demás y la vida, así como también creencias acerca de lo que deberías hacer. Tu sistema funciona hasta un punto, pero particularmente en la adultez podría comenzar a no funcionar tan bien. Si nada o nadie lo desafía, tu lógica privada puede limitar tus opciones y tus posibilidades. Si estás estancado y bajo el control de un sistema operativo que te hace vivir la vida de una única manera, podrías tener conflicto en muchos de tus vínculos. Si quieres tener más opciones y más posibilidades, ¡necesitas mejorar tu sistema operativo!

Afortunadamente, puedes tomar nuevas decisiones que pueden conducirte a nuevos comportamientos y a nuevos resultados. El método que nosotros utilizamos es el de ayudarte a que te hagas amigo de tu niño interior, aprender acerca de lo que este niño ha decidido, lo que siente y lo que piensa, y finalmente ayudarte a ver cómo puedes animar a este niño para que crezca.

En los próximos capítulos, aprenderás a descubrir tu propia lógica privada y a utilizar lo que nosotros llamamos las 3 A's: *Autoconsciencia, Aceptación* y *Acción,* para mejorar tu vida y tus vínculos. Verás cómo

---

1 Utilizamos "lógica privada" y "sistema operativo" de forma intercambiable.

otros han utilizado el mismo proceso para lidiar con problemas actuales y resolver problemas.

Uno
Descubriendo a tu niño interior

El quid de este libro es ayudarte a desenmascarar tu lógica privada —las decisiones que tomaste de niño sin saber que las estabas tomando— a ser consciente de ella, y a aceptar que esto es lo que decidiste y que tu comportamiento ha estado basándose sobre la forma en la que por aquel entonces decidiste que se resolvían los problemas. Con esta consciencia de tu pasado y con la aceptación de cómo configura tu situación presente y tu realidad, por fin verás el mapa completo desplegado ante tí y tendrás oportunidades para accionar y así crear un futuro con mejores resultados, con un sistema operativo de mejor calidad. *Autoconsciencia, Aceptación* y *Acción* es lo que llamaremos las tres A's, tus pasos hacia el cambio.

El proceso que recomendamos para descubrir y avanzar en el conocimiento de tu lógica privada es fácil. Primero, piensa en un conflicto actual o algo con lo que estés luchando actualmente. Luego, permítete traer a tu memoria un recuerdo de la infancia, incluso si ese recuerdo no parece relacionado con nada o si parece no tener sentido. Escribe el recuerdo. ¡Has descubierto ahora a tu niño interior! Cuando estés escribiendo el recuerdo, recuerda comenzar con la frase "Recuerdo una vez..." y no "Siempre solíamos...". Por ejemplo, puedes aprender mucho más acerca de tu lógica privada a partir del enunciado "Recuerdo una vez que fui a la casa de mi abuela y me hizo pastel de chocolate. Me sentí amado y decidí que soy muy especial", que de enunciados en los que compartes recuerdos como por ejemplo "Mi abuela solía hacerme pastel de chocolate".

Para *hacerte amigo de tu niño interior*, finge que el recuerdo pertenece a otra persona y arma una lista de hipótesis acerca de cómo podría verse a sí mismo, a los demás, la vida y, por lo tanto, cómo resuelve los problemas. Toma nota de estas hipótesis. Si tienes un grupo de amigos o familiares para realizar contigo esta lluvia de ideas, todavía mejor. Sólo asegúrate de que tú o quien sea que toma nota, incluya todas las ideas en la lista. Estos pasos te ayudan a comprender cómo se siente y piensa tu niño interior. Para *alentar a tu niño interior y ayudarlo a crecer*, mira la lista de hipótesis y haz un círculo alrededor de aquellas que en ese momento te resulten más "ciertas".

Enseguida hazte esta pregunta: *Si nada cambia, ¿cómo se verán en el futuro conflictos o temas como éste?* Escribe la respuesta.

Ahora que eres autoconsciente de lo que has decidido, ¿puedes aceptarlo sin juicio para poder ayudar a tu niño interior a crecer? Aceptar es muchas veces el paso más difícil. Siempre puedes decirte a tí mismo "Es lo que es; me amo no importa lo que pase; o lo que pasó, esto ya pasó, y no tiene que ser el patrón que se repita durante toda mi vida". Este es un paso esencial que debes dar antes de estar listo para crear un nuevo plan de acción que te llevará por un camino nuevo en el futuro.

Para crear un plan de acción, puedes buscar consejo, asistencia u otra perspectiva para crear el plan. Aquí van algunas sugerencias sobre cómo hacer esto:

- Puedes imaginarte que, como adulto, sostienes en tu regazo a tu pequeño niño interior, o que estás sentado a su lado en un sillón, y le ofreces aliento.

- Puedes utilizar las cartas de Madame Dora, eligiendo una al azar. Lee el consejo en la carta y aplica lo que puedas a tu lógica privada o a la situación que atraviesas actualmente.

- Puedes utilizar una varita mágica real o imaginaria. Pregúntate: "Si tuviera una varita mágica, ¿cómo modificaría esto que está pasando?". Haz una lista con la mayor cantidad de cambios que podrías realizar. Elige uno o dos y pruébalos durante una semana. Toma nota de tus "cambios" así puedes volver sobre ellos al final de la semana y evaluar tu progreso y aprendizajes. Toma nota de eso también.

- También puedes simplemente pedir ideas a alguien en quien confíes y comprenda que deseas ayudar a tu niño interior a crecer.

Aquí te mostramos un ejemplo de cómo una persona utilizó este proceso para aprender sobre los pensamientos, sentimientos y comportamientos que estaba experimentado actualmente debido a que su niña interior estaba al mando de su vida.

Fran: Rivalidad entre hermanos

Presente

Problema actual: Fran detestaba la relación adulta que tenía con su hermano cinco años menor. No le gustaba cómo se sentía ni cómo actuaba en relación con él. A medida que se aproximaba una reunión familiar, se preguntaba cómo podría comunicarse mejor y mejorar la relación que tenían.

Pasado

Recuerdo de la infancia: Mientras buscaba qué de su lógica privada podría estar trabándolo todo, el recuerdo de su infancia que vino a su mente fue este: "Yo era una adolescente. Mis padres se habían ido a trabajar y mi hermano y yo nos quedamos en casa. Yo lo estaba cuidando y lavando ropa a la misma vez. En ese momento pensé que él no estaba obligado a hacer tareas del hogar como yo, y me sentí muy enojada. Entonces se me ocurrió una idea para empatar la situación. Me escondí detrás de una pared; él no podía encontrarme, se asustó y comenzó a llorar. Justo en ese momento yo aparecí de nuevo. Me sentí culpable de que él estuviera llorando".

La lógica privada de Fran (Hipótesis de sus creencias sobre *Yo, los demás, la vida, y por lo tanto*): Sugerimos algunas creencias que la niña dentro de ella podría aún estar cultivando, manteniéndola "enganchada" con su hermano:

- Me siento enojada cuando tengo que hacerme cargo de otros y hacer más de lo que ellos hacen.

- Los demás son más pequeños que yo.

- Los demás necesitan y dependen de mí.

- La vida es injusta.

- Por lo tanto, yo encuentro formas de ajustar cuentas y luego me siento culpable.

Le preguntamos a Fran si veía cómo los pensamientos de la niña dentro de ella podrían estar interfiriendo con sus intentos presentes de construir mejores vínculos. Veía clara la conexión y lo expresó así: "Tengo el mismo sentimiento que tengo en mi recuerdo. Veo lo que él no está haciendo, cómo aún sigue tonteando y no madura ni se hace independiente, y no cuida de sí mismo y mucho menos de otros. Me siento enojada pero también culpable por juzgarlo".

Futuro
Si nada cambia, ¿cómo será esto para ella en el futuro? Fran dijo: "Seré amable pero nuestra comunicación será superficial. Cuando intente tener una conversación sobre su vida actual, la atmósfera probablemente será tensa y ambos nos sentiremos extraños".

Las 3 A´s
A continuación, le pedimos a Fran que hable sobre las 3 A´s. Esto es lo que dijo:

- **Autoconsciencia:** "Aún me relaciono con mi hermano como si fuera su segunda madre y me siento culpable por haber podido influir en la forma en la que él es actualmente. Aunque mi entrenamiento me está enseñando a aceptar más, en lo profundo de mi aún me siento enojada".

- **Aceptación:** "Fui y aún soy una típica hermana mayor en la forma en la que pienso y trato a mi hermano menor. ¡Ah! ¡Soy totalmente normal! Ambos hemos impactado e influido en el otro, pero no es culpa de nadie".

- **Acción:** "He estado trabajando demasiado últimamente. Quiero relajarme y dejar de sacrificarme por otros. Quiero simplemente disfrutar de nuestra reunión familiar y no pensar demasiado".

Consejo

Le preguntamos a Fran si quería saber qué tendría Madame Dora para decir sobre su situación y ella aceptó. La carta que sacó fue "Claudio Confrontacional", quien dijo "Nadie puede ser tu jefe cuando eres jefe de tí mismo". Fran se quebró, riéndose -algo que nosotros reconocemos como una respuesta de reconocimiento. Se rió. "¡Ay! ¡Quién hubiera dicho que todo esto se trataba acerca de la relación conmigo misma! Si quiero alentar a la Fran de 10 años que aún vive en mí, ¿qué tengo que hacer?

Le sugerimos a Fran que se acuerde que "culpa equivale a debería", y le preguntamos cuáles eran sus "debería". Ella respondió: "Debería ser una mejor hermana, mostrar más interés y cuidado por mi hermano y debería ayudarlo más". Cuando operamos desde el "debería", podemos sentirnos resentidos porque no es realmente lo que queremos hacer. Podemos cambiar nuestros "debería" por "quiero" por "voy a", por "deseo" o por "puedo", así evitamos el resentimiento y avanzamos hacia adelante sobre la base del aliento.

Habla con tu niño interior

Además, le sugerimos a Fran que se imagine sentada al lado de la niña de 10 años que vive dentro de ella, y que se vea poniendo su brazo sobre sus hombros. Dile: "No es fácil hacer tanto siendo tan pequeña, y está bien que te sientas enojada. Tú sólo eres tú y no es necesario que seas la responsable de la vida de los demás. Eres suficientemente buena y responsable".

Puede descargar una versión imprimible más grande del formulario Ahora es su turno aquí: https://lynnlottec.com/wp-content/uploads/2020/08/Tu-turno-la-cedula8.5x11.pdf

Ahora es tu turno

Para aprender más sobre ti mismo, completa la siguiente ficha. Sigue las instrucciones de este capítulo como guía. Podrías invitar a amigos o familiares para que te ayuden, especialmente con la lluvia de ideas en las secciones Lógica Privada y Consejos.

Nombre: _____ Fecha: _____

Presente

Conflicto actual: _____

_____

_____

Pasado

Recuerdo de la infancia: _____

_____

_____

Lógica privada

Yo: _____

Los demás: _____

La vida: _____

Por lo tanto: _____

Futuro

Si nada cambia: _____

Las 3 A´s

Autoconsciencia: _____

Aceptación: _____

Acción: _____

Consejos

Varita mágica: _____

Carta de Madame Dora: _____

Pensamientos: _____

Habla con tu niño interior: _____

_____

_____

_____

Dos

Tamara: Sosteniendo la identidad de chica buena

Presente

Problema actual: Tamara está intentando programar tiempo con su pareja Elisa, quien viajará de la costa oeste a la costa este y estará lejos durante bastante tiempo. Elisa pasa 10 días del mes en Boston, y visita a su familia durante estos viajes. Tamara se siente celosa y envidia el tiempo que Elisa comparte con su familia, pero tiene miedo de compartir estos sentimientos con ella.

Pasado

Recuerdo de la infancia: El recuerdo vívido que vino a la mente de Tamara es un buen ejemplo de cómo un recuerdo aleatorio se relaciona directamente con el problema actual. Tamara compartió: "Recuerdo una vez, cuando tendría entre 6 y 9 años, y vivía en Berkeley. Estábamos en la juguetería. Acababa de estar en una fiesta de cumpleaños en la que habíamos fabricado pulseras y collares con cuentas de plástico. Yo estaba usando mi collar y de pronto tuve miedo de que alguien pensara que lo había robado. Tuve tanto miedo que me lo saqué y lo puse en uno de los estantes de la juguetería".

La lógica privada de Tamara: Tamara dijo, "Cuando pienso en por qué estaba tan convencida de que otros pensarían que lo robé, me di cuenta de que creía que las personas siempre suponen lo peor de los demás, y es mi trabajo probar que soy buena. Está esta necesidad de ser buena y de evitar que otros piensen mal de mí. Quiero que todo el mundo piense lo mejor sobre mí—que soy buena, perfecta y maravillosa todo el tiempo. A veces quiero ser mala y quedarme con cosas, pero me da miedo que alguien pueda ver eso en mí y pensar que robé el collar. Entonces pienso que

siempre debo ser buena porque me importa lo que otros piensen sobre mí y no porque realmente soy buena".

Tamara tenía mucho registro sobre su lógica privada así que nuestro trabajo de elaborar hipótesis fue sencillo:

- Necesito ser buena.

- Quiero que todo el mundo piense lo mejor sobre mí.

- A veces quiero ser mala y quedarme con cosas.

- Los demás ven eso en mí.

- Los demás piensan lo peor sobre mí.

- La vida es un lugar en el que es mi trabajo probar que soy buena.

- Por lo tanto, debo ser siempre buena, perfecta y maravillosa así nadie piensa mal de mí y todos creen lo mejor sobre mí.

Futuro

Si nada cambia: Tamara se dio cuenta de que si no modificaba la forma infantil de pensar que aún vivía en ella, en el futuro ella se pasaría en una carrera intentando ser buena todo el tiempo, siempre sacrificándose para asegurarse de que todo el mundo piense lo mejor sobre ella, en vez de pensar que es una mala persona que hace cosas malas. Es un futuro en el que ella trabaja muchísimo para obtener respeto y reconocimiento, porque ella cree que no es suficientemente buena.

Agotador, ¿no es cierto? Aquí está lo que Tamara dijo acerca de las tres A´s.

Las 3 A´s

- **Autoconsciencia:** "Soy muy consciente acerca del hecho de que mucho de lo que tengo que hacer se trata sobre lo que los demás podrían pensar. Soy consciente de que no pienso muy bien sobre mí misma, mis motivaciones o mis intenciones y soy consciente de que estoy en una carrera loca intentando controlar a todo el mundo y a sus sentimientos y pensamientos sobre mí. Estoy atrapada en el manejo de la imagen—haciendo todo lo que puedo para controlar lo que los demás piensan sobre mí".

- **Aceptación:** "Acepto que mi motivación está centrada en tratar de manejar las percepciones que otros tienen de mí, que me importa lo que los demás piensan, y que no pongo en acción mi ocasional deseo "egoísta" por el interés que tengo en mi imagen". En este punto Tamara hizo una mueca, inspiró profundamente y dijo: "Ay... Todo esto es difícil de tragar sin juzgarlo. Pero sé que aceptación significa simplemente reconocer la verdad de lo que es, sin juzgarla. Casi me detengo en este punto". Le recordamos a Tamara que para poder accionar y moverse hacia adelante es necesario comenzar en donde uno está, no en donde desearía estar o donde piensa que debería estar.

- **Acción:** Ella dijo: "Necesito trabajar en respetarme a mí misma y en recordar que soy una buena persona y que no tengo que ser perfecta en todas las áreas para que las personas piensen bien de mí. Puedo comenzar a enfocarme en las cosas que quiero hacer y dejar de permitir que otros manejen el autobús. Puedo trabajar en adquirir el coraje de mis convicciones y hacer las cosas de la manera que deseo hacerlas, y también en pedir lo que deseo (como por ejemplo decirle a Elisa que quiero ir con ella a visitar a su familia, una vez cada tanto). Puedo decirme a mí misma que si no hago el mejor esfuerzo en todo lo que hago, está bien".

Consejo

Estábamos agotados por Tamara, pensando en cuán duro trabajaba para controlar los pensamientos y sentimientos de las otras personas. Le recordamos que las personas piensan lo que piensan y que raramente se acerca a lo que nosotros pensamos que podrían estar pensando o inclusive importándoles.

Tamara sacó del mazo la carta de Madame Dora que se llama "Solana, sí pero" quien dijo: "Deja de enfocarte en los peros". Solana sugería que Tamara deje de dudar de ella misma y de procrastinar. Está bien pedir lo que uno desea y asumir una posición - ¡ya!

Habla con tu niño interior

Sugerimos que Tamara hablara con su pequeña niña diciéndole: "Debes estar muy asustada y arrepentida. Conozco ese sentimiento y no estás sola. Está bien estar sintiéndote así. Estaré contigo y creo en tí. Confío en ti y eres suficientemente buena".

Ahora es tu turno

Para aprender más sobre ti mismo, completa la siguiente ficha. Sigue las instrucciones de este capítulo como guía. Podrías invitar a amigos o familiares para que te ayuden, especialmente con la lluvia de ideas en las secciones Lógica Privada y Consejos.

Nombre: _____ Fecha: _____

Presente

Conflicto actual: _____

_____

_____

Pasado

Recuerdo de la infancia: _____

_____

_____

Lógica privada

Yo: _____

Los demás: _____

La vida: _____

Por lo tanto: _____

Futuro

Si nada cambia: _____

Las 3 A´s

Autoconsciencia: _____

Aceptación: _____

Acción: _____

Consejos

Varita mágica: _____

Carta de Madame Dora: _____

Pensamientos: _____

Habla con tu niño interior: _____

_____

_____

_____

_____

Tres

Katy: Luchando con la imagen corporal

Presente

Problema actual: El problema más grande con el que se enfrentaba Katy era su autoestima, mejor dicho, su falta de autoestima. Describía cómo pensaba acerca de su cuerpo como "terrible y desalentador", estaba preocupada acerca de lo que otros pensaban sobre ella y creía que ella no disfrutaba de su vida como la mayoría del mundo hacía. Desde que ella y su marido habían comenzado a hacer tratamiento de fertilización in vitro para comenzar su familia, las hormonas de los tratamientos habían causado cambios enormes en su cuerpo y en sus emociones, incluido un aumento de peso significativo.

Katy sentía que la situación estaba fuera de su control. No tenía posibilidades de realizar actividad física -su habitual fuente de salud física y mental, además de su herramienta para lidiar con el estrés. Ella dijo: "Esto ha modificado mi energía y mi estilo de vida se ha vuelto más duro, así que me siento forzada a aceptarme así. Me siento frustrada, preocupada y atascada". A pesar de que sabía que mucho de lo que sucedía era temporal, estaba llena de dudas sobre sí misma, y evitaba mirarse en el espejo.

Pasado

Recuerdo de la infancia: Katy no vaciló en dejar salir este recuerdo. "Estaba en el quinto grado de primaria, en una fiesta en la piscina de la casa de mi madre. Muchos de mis amigos estaban allí- quizás 10 de ellos. Hacía mucho calor. tenía puesto un traje de baño amarillo porque ese era mi color favorito, y mi pelo estaba corto, como a la altura de mi mandíbula. La mayoría de las niñas se quedaron a pasar la noche. Era muy divertido. Yo intentaba encajar, algo que siempre era difícil para mí. Me sentía aislada, incomprendida, incómoda e intranquila.

La lógica privada de Katy: Hicimos una lluvia de hipótesis con Katy acerca de lo que la niña dentro de ella podría haber decidido:

- Me importa cómo me veo.

- Los amigos son importantes para mí.

- No encajo, aunque lo intente.

- Me siento aislada, incomprendida, incómoda e intranquila.

- Los demás están más relajados que yo.

- A los demás les gusta compartir tiempo conmigo.

- La vida se trata de encajar.

- Por lo tanto, luchó para ser como los demás y ser suficientemente buena.

Futuro

Si nada cambia: Katy no quería vivir su vida sintiéndose aislada, incomprendida, intranquila e incómoda, y estaba preocupada porque se daba cuenta de que hacia allí se dirigía si no comenzaba a aceptarse más a sí misma.

Las 3 A´s

- **Autoconsciencia:** Katy dijo que su deseo de encajar muchas veces se oponía con su auto aceptación. Ella ve que, aunque su situación es temporal, siempre ha tenido el mismo conflicto con su imagen personal y que siempre ha perseguido los mismos objetivos y sostenido las mismas expectativas acerca de verse bien y encajar.

- **Aceptación:** Katy dijo: "Soy alguien a quien le importa más cómo se ve para los demás y para mí misma, que la posibilidad de sentirme feliz. Tengo las habilidades para cambiar, pero no lo he hecho hasta ahora". Emitió un suspiro resignado, frunció el ceño, inspiró profundamente, y luego asintió. Podíamos ver efectivamente su aceptación comenzando a entrar en ella.

- **Acción:** Katy decidió comenzar a trabajar en hacer las paces con cómo era. "Puedo enfocarme en estar presente y sostener una rutina, más que en hacer ejercicio y perder peso".

Katy reflexionó durante un momento y luego dijo: "Pruebo una y otra vez el mismo camino, esperando ver un resultado distinto, y termino agotada. En vez de apuntar a la perfección, podría apuntar a ser perseverante. Si alguien quiere decirme cómo vivir, podría decirle "Ok" y luego seguir mi propio deseo y sostenerme allí. En vez de preocuparme por fracasar, podría probar cosas nuevas y estar bien, aún si no salen como yo pensaba, esperaba o planificaba".

Consejo

Le sugerimos a Katy que probara utilizando la varita mágica para alentarse a ella misma, cambiando su recuerdo o situación actual de la forma que ella quisiera. Con una sonrisa, tomó la varita dorada y dijo, "Estoy cambiando mis pensamientos y es un alivio. Ahora, cuando pienso en mi futuro, me veo a mí misma contenta, encajando, sin ansiedad ni estrés. Estoy rodeada de amigos y familiares y me estoy sintiendo confiada y cómoda al vestirme cada día. Me imagino yendo a un evento sintiéndome bien con mi apariencia y conmigo en general. Principalmente, no estoy preocupada acerca de si voy a decir algo equivocado o acerca de qué piensan los demás sobre mí".

Por todo esto es que la varita es mágica, le dijimos. "Si logras visualizar algo, puedes crearlo".

Le preguntamos a Katy si deseaba recibir algún consejo de la sabia Madame Dora y dijo "¡Si!". Le acercamos el mazo y, sin mirar, tomó la carta de Vicente Valiente. Vicente le dijo: "¡Ve por ello! ¡Tu puedes hacerlo!".

Le dijimos a Katy, "Una vez que tomes en tus brazos a tu bebé, todo cambiará, si lo permites. Si dejas que él te enseñe y te renueve por completo, madurarás de formas que nunca habías imaginado como posibles para ti, casi como crecer de nuevo. Toda tu perspectiva se modificará".

Habla con tu niño interior

Le sugerimos a Katy que tomara un paseo con su niña interior hablándole de la misma forma en la que le hablaría a ese nuevo bebé, que pronto estaría en sus brazos. "Eres perfecta, así como eres y ¡te amo tanto!".

Ahora es tu turno

Para aprender más sobre ti mismo, completa la siguiente ficha. Sigue las instrucciones de este capítulo como guía. Podrías invitar a amigos o familiares para que te ayuden, especialmente con la lluvia de ideas en las secciones Lógica Privada y Consejos.

Nombre: _____ Fecha: _____

Presente

Conflicto actual: _____

_____

_____

Pasado

Recuerdo de la infancia: _____

_____

_____

Lógica privada

Yo: _____

Los demás: _____

La vida: _____

Por lo tanto: _____

Futuro

Si nada cambia: _____

Las 3 A´s

Autoconsciencia: _____

Aceptación: _____

Acción: _____

Consejos

Varita mágica: _____

Carta de Madame Dora: _____

Pensamientos: _____

Habla con tu niño interior: _____

_____

_____

_____

_____

Cuatro

Brenda: La vida después de la jubilación

Presente

Problema actual: Luego de jubilarse después de una vida dedicada a los servicios sociales, Brenda se mudó de la ciudad en la que había pasado muchas décadas criando a sus hijos. Se mudó a una ciudad que quedaba muy lejos, y en la que no conocía a nadie, porque era la situación que mejor se ajustaba a su pequeño ingreso de retiro, y por lo menos a algunas horas de auto de donde vivía su hijo y una amiga querida. Pero en el día a día se sentía aislada y lejos de todo, en una cultura que ella percibía como conservadora. Quería encontrar personas con intereses comunes y establecer nuevos vínculos.

Ella dijo: "La razón por la que me gustaba tanto vivir donde viví era que había tantas personas como yo- una comunidad en la que compartíamos los mismos valores. Y ahora eso ya no me sucede; veo que muchos a mi alrededor tienen valores muy distintos y siento que tengo que ser cautelosa a la hora de revelar cómo soy en realidad".

Pasado

Recuerdo de la infancia: Brenda no podía acceder a ningún recuerdo de su infancia. Estaba en blanco. A veces esto sucede. En estos casos, es posible utilizar un recuerdo del pasado reciente si es esto todo lo que aparece. Funciona igual de bien. Entonces Brenda compartió: "Puede haber sido hace un año, más o menos, una tarde salgo a hacer mi caminata diaria después del trabajo, con mi amiga Bárbara y nuestros dos perros. Estamos conversando acerca de nuestro día, riéndonos. Me siento calmada, liviana y saludable".

La lógica privada de Brenda: Postulamos estas hipótesis acerca de la lógica privada de Brenda:

- Puedo hablar sobre cualquier cosa.

- Me puedo vincular con personas como yo.

- Los demás comparten mis intereses y valores.

- La vida es un lugar en el que puedo reír y en donde puedo ejercitarme con un alma cercana.

- Por lo tanto, estoy relajada, desinhibida y puedo compartir lo que se me viene a la cabeza.

Actualmente, la vida de Brenda no coincide con nada de esto, y se siente infeliz. La distancia entre la creencia de alguien sobre cómo debería ser su vida y como realmente es, se llama estrés. En este momento Brenda está muy estresada a causa de lo que ella percibe como la diferencia cultural entre ella y el resto de su nueva comunidad.

Su hijo acaba de casarse con una mujer que es profundamente religiosa y que adhiere a la creencia de la iglesia a la que pertenece acerca de que la homosexualidad es anti-natural y un pecado. Aunque creció en un ambiente de valores profundamente humanos en la casa de Brenda, el hijo está ahora de a poco convirtiéndose a la religión de su esposa. Brenda se siente en riesgo de alejar alienar a su hijo, a su esposa y a sus hijos, si es abierta acerca de los desacuerdos con la religión de ellos.

Futuro

Si nada cambia, el futuro de Brenda estará marcado por la soledad y el aislamiento. Su temor es que, si es realmente abierta acerca de quién es, no sólo no tendrá amistades en su nueva comunidad, sino que también será difícil ser ella misma con su hijo, su nuera y sus nietos.

Las 3 A´s

- **Autoconsciencia:** Brenda dijo que la razón por la que amaba vivir donde vivía era que había tantas personas parecidas a ella -una comunidad en la que compartían muchos valores. "Y ahora eso ya no sucede, me veo rodeada de personas que tienen valores muy distintos y soy muy precavida cuando se trata de revelar quién soy de verdad".

- **Aceptación:** Brenda dijo: "Me siento más cómoda con personas que piensan como yo y tienen los mismos valores. Es con ellos que me siento feliz y libre. Pero vivo en una comunidad, y tengo familiares que, por su religión, pertenecen a una cultura distinta. No quiero mentir acerca de quién soy, porque esto es realmente incómodo".

- **Acción:** Pensando acerca de qué pequeños pasos Brenda podría dar, ella dijo: "Quizás mis estándares son demasiado rígidos, y mi círculo demasiado pequeño. Quizás deba aventurarme más allá de mi zona de confort para poder conseguir lo que quiero para mí. Las reuniones de *La marcha feminista* eran mis días más felices, además de los días en los que me reunía con amigos o familiares. Era muy nutritivo, no estaba sola. Había allí una gran comunidad, pero no eran de mi ciudad; podría involucrarme en ese movimiento".

Consejo

Nosotros también teníamos algunas ideas para Brenda. Mira más allá del "esto *o* esto otro". Encuentra algo intermedio. Puedes postear en Facebook o en la página de La marcha feminista para buscar personas con valores afines que vivan cerca de tí. Comienza o únete a un grupo, grupo de mujeres o rama activista.

Brenda eligió al azar una carta de Madame Dora para tener aún otra perspectiva sobre su problema, y le tocó *Diana, que discierne*. Cuando comenzó a leer el consejo de Diana, soltó un suspiro de alivio cuando leyó: "Eso que aparece en forma de proyecto o persona, no es lo que parece a simple vista. Discierne con cuidado. Busca lo profundo y lo encontrarás, y eso significará toda la diferencia en el futuro cercano".

Ahora es tu turno

Para aprender más sobre ti mismo, completa la siguiente ficha. Sigue las instrucciones de este capítulo como guía. Podrías invitar a amigos o familiares para que te ayuden, especialmente con la lluvia de ideas en las secciones Lógica Privada y Consejos.

Nombre: _____ Fecha: _____

Presente

Conflicto actual: _____

_____

_____

Pasado

Recuerdo de la infancia: _____

_____

_____

Lógica privada

Yo: _____

Los demás: _____

La vida: _____

Por lo tanto: _____

Futuro

Si nada cambia: _____

Las 3 A´s

Autoconsciencia: _____

Aceptación: _____

Acción: _____

Consejos

Varita mágica: _____

Carta de Madame Dora: _____

Pensamientos: _____

Habla con tu niño interior: _____

_____

_____

_____

_____

Cinco
Moni: cortando lazos con socios laborales

Presente

Problema actual: Moni ha estado atravesando una dolorosa ruptura con dos socios laborales. Aunque se separaron en buenos términos, más tarde Moni creyó que había sido traicionada y se sintió muy lastimada. Decidió no asociarse con ninguno nunca más.

Pasado

Recuerdo de la infancia: Moni recordó que cuando era pequeña, en su pueblo, tenía dos buenas amigas. Como muchas veces sucede con las niñas pequeñas, Mini, Tina y Moni se turnaban siendo mejores amigas unas de otras. Parecía que sólo dos podían ser mejores amigas a la vez. Las mejores amigas hablan de muchas cosas, incluyendo chismes sobre la tercera amiga. Moni siempre pensó que Mini era *su* mejor amiga, aunque se peleaban bastante. Un día Moni notó que Mini y Tina se habían vuelto muy cercanas, y que ella y Mini habían dejado de hablarse. Más tarde, Mini y su familia se mudaron de pueblo.

Cuando Moni llegó a la adolescencia, Mini se mudó de nuevo al pueblo de Moni, pero aún seguían sin hablarse. Si se cruzaban en la calle, fingían no haberse visto. Ni siquiera una vez en la universidad, en las ocasiones en las que Moni volvía de visita a su pueblo, no lograba ni siquiera saludar con un simple "Hola" a Mini.

Cuando volvió sobre su recuerdo, se vio a sí misma en los pasillos o en el aula, sentada, melancólica, o deambulando en silencio, sintiéndose sola y abandonada, pensando todo el tiempo que sus dos amigas estarían diciendo cosas horribles sobre ella. Ella había creído que cuando habían acordado entre las tres ser amigas, eso se cumpliría. Si no se cumplía, entonces era una traición. Cuando las dos niñas no cumplieron con la promesa, Moni se lo tomó personal y decidió que ellas no eran confiables y que eran inmorales.

La lógica privada de moni: Cuando este recuerdo apareció en Moni de la nada, casi rompe en llanto. No se había dado cuenta de que seguía tan lastimada por semejante traición a su confianza. Y esto la ayudó a comprender mejor su lógica privada y cómo está influyendo su vida en el presente. Estas son algunas de las hipótesis que hicimos sobre la lógica privada de Moni:

- Deposito mi confianza en otros.

- Los demás deberían ser confiables y cumplir sus promesas.

- La vida es un lugar en el que otros traicionan mi confianza.

- Por lo tanto, yo "corto lazos" con otros.

Futuro
Si Nada Cambia: Moni no se había dado cuenta de cuánto conflicto existía en su vida adulta a raíz de las decisiones que había tomado en su infancia. Se acordó que había cortado lazos con una amiga y colega en la universidad cuando ésta comenzó a faltar a citas y a no responder sus llamadas. No se hablaron por dos años. Moni comprendió que, si nada cambiaba, sus creencias podrían costarle el vínculo con muchos posibles futuros aliados valiosos y otras relaciones. Estaba preocupada pensando que quizás nadie la querría y que se quedaría sin apoyo y sin amigos.

Las 3 A´s

- **Autoconsciencia:** Moni tenía consciencia de que su pensamiento se había vuelto muy "blanco o negro", y que ella demandaba un compromiso absoluto y lealtad ciega en todos sus vínculos. Se daba cuenta de que no tolerando nada que estuviera por debajo de este estándar, ella se creía la persona más moral del mundo y mejor que los demás. La consciencia que Moni tomó acerca de este patrón que había adquirido de "cortar" con las personas, la dejó con un fuerte deseo de cambio.

- **Aceptación:** Aceptó que estaba lastimada y que se sentía sola, sintiendo que había sido dañada y traicionada.

- **Acción:** La consciencia y aceptación dieron a Moni la fuerza y el coraje para ir a la acción. Consideró algunos pequeños pasos que ella podría dar. Decidió también que comenzaría a cultivar la gratitud por todas las cosas buenas que tenía como primera acción del día, antes de levantarse de la cama. Se recordó a sí misma que tenía un lindo matrimonio, un hijo precioso y un esposo que la amaba, y que ella era hermosa por dentro y por fuera.

Consejo

Nuestro consejo a Moni fue que tomara una carta de Madame Dora cada mañana y que pensara en el mensaje mientras se lavaba los dientes. La carta que tomó fue "Santiago Sabio", quien dijo: "No inventes problemas donde no los tienes". Moni se rió y dijo: "Bueno, eso no era lo que esperaba, pero es un consejo muy útil que tomaré muy en serio".

Habla con tu niño interior

Moni se imaginó que tenía una varita mágica y que podía volver al pasado para darle ánimo a su niña interior de 6 años. Se imaginó sentada al lado de ella en un sillón, diciéndole: "Tú tenías miedo de no gustarle a nadie y de no tener amigos. Yo te amo por quien eres y siempre estaré contigo". Moni se sintió comprendida y aliviada, y pudo llorar.

Ahora es tu turno

Para aprender más sobre ti mismo, completa la siguiente ficha. Sigue las instrucciones de este capítulo como guía. Podrías invitar a amigos o familiares para que te ayuden, especialmente con la lluvia de ideas en las secciones Lógica Privada y Consejos.

Nombre: _____ Fecha: _____

Presente

Conflicto actual: _____

_____

_____

Pasado

Recuerdo de la infancia: _____

_____

_____

Lógica privada

Yo: _____

Los demás: _____

La vida: _____

Por lo tanto: _____

Futuro

Si nada cambia: _____

Las 3 A´s

Autoconsciencia: _____

Aceptación: _____

Acción: _____

Consejos

Varita mágica: _____

Carta de Madame Dora: _____

Pensamientos: _____

Habla con tu niño interior: _____

_____

_____

_____

_____

Seis

Ani: ¿Deberíamos divorciarnos?

Presente

Problema actual: Ani se quedó petrificada cuando su esposo amenazó con dejarla ya que ella no estaba compartiendo prácticamente nada de tiempo con él. Se sintió sorprendida y aterrorizada a la vez. Ella ama a su esposo y no quiere perderlo. Pensando en lo que él le había dicho, se dio cuenta de que había estado repitiendo un patrón similar en el trabajo, involucrándose en un proyecto al punto de no poder pensar en ninguna otra cosa, ni poder dedicarle tiempo a nada más, ignorando todo lo que no fuera ese proyecto. Ella dijo: "Me involucro demasiado y no puedo parar". Ani comprendió que su patrón habitual amenazaba con romper su matrimonio.

Pasado

Recuerdo de la infancia: Ani recordó algo de su infancia y lo escribió. Recordó una ocasión en la que tendría tres o cuatro años y jugaba con un amigo en el parque. Ella fingía ser una princesa y quería que su amigo la mirara mientras jugaba. Aunque el recuerdo no parecía estar relacionado con su situación actual, Ani confiaba en que esta memoria serviría para adentrarse en su lógica privada.

    La lógica privada de Ani: Comenzamos a hacer algunas conjeturas acerca de cómo la niña de tres años que vivía en ella, estaría aconsejándola acerca de cómo llevar adelante una relación con alguien del sexo opuesto:

- Si actúo como una princesa, la función del varón es mirarme.

- Yo juego, mientras los demás miran.

- Los varones (hombres) deben mirarme, cautivados y admirados.

- Cuando estoy ocupada y activa, los demás se enfocan en mí.

- La vida es un lugar en el que estoy ocupada y comprometida y los demás deben seguir mis señales.

- Por lo tanto, me mantengo ocupada y espero que los demás me miren y me animen.

El rostro de Ani se iluminó mientras asentía diciendo, "No me había dado cuenta de que yo necesito tener mi propio patrón y que otros lo sigan. De hecho, mi esposo y yo tuvimos una discusión hace poco porque me dijo que no solamente cree que estoy demasiado ocupada con mis viajes, sino que, cuando estoy en casa, no estoy verdaderamente presente, no estoy realmente disponible para él. Cuando me dijo eso sentí mucho enojo y tristeza porque creí que esa era su forma de decirme que ya no me amaba. Finalmente le pregunté si se sentía solo cuando yo no estaba en casa y, sonriendo, me dijo que sí. No me había dado cuenta de que yo esperaba, e inclusive necesitaba, que me trate como a una princesa, mirándome ir y venir y diciéndome, 'Lo haces muy bien y te amo, a pesar de que estás siempre ocupada.'"

Futuro

Si nada cambia: Ani reflexionó que, si nada cambiaba, veía que en el futuro ella y su esposo pasarían más tiempo peleando y que él podría terminar abandonando la relación.

Las 3 A´s

Le pedimos a Ani que nos comparta su trabajo a partir de las 3 A´s. Esto es lo que compartió:

- **Autoconsciencia:** "Soy consciente de que a veces me gusta ser una princesa y el sentimiento es bueno".

- **Aceptación:** "Acepto que está bien ser una princesa, pero no todo el tiempo".

- **Acción:** "Mi acción será conversar con mi marido sobre lo que estoy aprendiendo".

Consejo

Le sugerimos a Ani que de forma regular planeara compartir con su esposo un *Tiempo especial* juntos. Lo que hace que sea especial, es que sea un tiempo planeado, regular y que sea un compromiso asumido. Una cosa es hablar sobre compartir tiempo juntos y otra cosa es hacerlo efectivamente, llevarlo a la acción.

Sugerimos que Ani tomara un consejo de las cartas de Madame Dora para mejorar el nivel de su lógica privada. Sin elegir, tomó al azar la de Fermín Fuerte. Su mensaje es: "Resiste, casi estás allí".

Ani dijo: "Para mí, esto significa que estoy caminando en la dirección correcta. Creo que saqué esta carta porque mi esposo y yo estamos realmente trabajando duro para generar un patrón nuevo. Creo que realmente podemos potenciar esto agendando un tiempo especial semanal".

Habla con tu niño interior

Ani habla con su niña interior de 4 años: "Debes sentirte muy orgullosa y feliz de jugar a ser una princesa y que tu amigo te mire. A mí me hubiera encantado eso también. A las niñas pequeñas les encanta esto, y está bien. ¿Quisieras que te tome fotos muy bonitas, así puedes ser así siempre?".

Ahora es tu turno

Para aprender más sobre ti mismo, completa la siguiente ficha. Sigue las instrucciones de este capítulo como guía. Podrías invitar a amigos o familiares para que te ayuden, especialmente con la lluvia de ideas en las secciones Lógica Privada y Consejos.

Nombre: _____ Fecha: _____

Presente

Conflicto actual: _____

_____

_____

Pasado

Recuerdo de la infancia: _____

_____

_____

Lógica privada

Yo: _____

Los demás: _____

La vida: _____

Por lo tanto: _____

Futuro

Si nada cambia: _____

Las 3 A´s

Autoconsciencia: _____

Aceptación: _____

Acción: _____

Consejos

Varita mágica: _____

Carta de Madame Dora: _____

Pensamientos: _____

Habla con tu niño interior: _____

_____

_____

_____

Siete

Lucía: Luchas de poder con una colega

Presente

Problema actual: Lucía estaba teniendo problemas con su colega, Ámbar. Describiendo una reunión reciente de la compañía, en la que discutían sobre cómo promocionar entrenamientos, nos dijo: "Ámbar se quejó de que yo no explicaba con precisión qué iba en cada folleto. Estaba frustrada conmigo y me dijo de forma impulsiva: ¡Necesito detalles!".

Lucía explicó más: "Somos muy diferentes. A veces la presiono demasiado, le doy demasiada información o le pido demasiada ayuda, y entonces ella se estresa. La enloquece que yo no sea clara, aunque los folletos estaban muy claros en mi mente".

Pasado

Recuerdo de la infancia: Le pedimos a Lucía que permitiera que un recuerdo específico de su infancia le viniera a la memoria, aunque pareciera no tener relación con el problema actual. Ella compartió:

"Tendría 4 o 5 años, y vivía con mi abuela en un pueblo, en el campo, éramos sólo nosotras ya que mis padres y hermanos vivían en la ciudad. Mi abuela criaba pollos. No teníamos una granja propia porque yo era muy pequeña y mi abuela muy anciana.

En mi recuerdo estoy cargando una manta alrededor de granjas vecinas para recolectar arroz para alimentar a nuestros pollos. Luego de la cosecha, aún hay mucho arroz en las plantas. El paisaje es chato e inmenso, cada pedazo de tierra le pertenece a alguien, pero tengo permiso de recoger el arroz que quiera. El arroz es dorado. Me siento feliz, segura y libre porque puedo hacer lo que quiero. Me siento capaz, porque puedo ayudar a mi abuela y a los pollitos".

La lógica privada de Lucía: A partir del recuerdo de Lucía, adivinamos algunas creencias construidas en su infancia, que podrían aún estar gobernando su vida y dándole forma a su realidad ahora en su adultez:

- Soy capaz.

- Trabajo sola para ayudar a otros.

- Los demás necesitan mi ayuda y la aprecian.

- Los demás confían en que los ayudaré.

- La vida es un desafío, pero estoy a la altura de la circunstancia.

- Por lo tanto, debo trabajar duro para hacer mi contribución.

Futuro

SI NADA CAMBIA: Lucía dijo: "Yo seguiré trabajando para ser la que alimenta a nuestros pollos", y Ámbar y yo seguiremos entrando en conflicto. Ella no apreciará ni confiará en mi ayuda y yo no podré contribuir. ¡Ambas nos sentiremos mal y nos perderemos la cosecha!".

En este punto, los ojos de Lucía brillaban con lágrimas. Moviendo su cabeza, compartió con nosotros un sueño acerca del futuro que deseaba: "Si cada una confía en que la otra hará su parte, tendremos una buena cosecha. Ambas trabajaremos duro. Tendremos muchas posibilidades para reflexionar, discutir y mejorar. Encontraremos un equilibrio familiar, disfrutaremos la vida y trabajaremos mientras continuamos aprendiendo y explorando. ¡Como en la imagen dorada! En vez de que yo alimente a los pollos, Ámbar y yo estaremos ayudando a más familias y niños, salvando al mundo, un niño por vez".

Las 3 A´s

- **Autoconsciencia:** Lucía dijo: "Actúo como si todavía tuviera que trabajar sola en el cuidado de los demás que necesitan mi ayuda".

- **Aceptación:** "Cuando pienso que los demás necesitan mi ayuda, mi niño interior se hace cargo de la situación".

- **Acción:** "Lo haré mejor si hablo menos, sin abrumar a otros con información. Podría intentar mantener mis oraciones en 10 palabras o menos".

Consejo

Madame Dora tenía algunos consejos para ofrecerle a Lucía. Ella tomó del mazo la carta "Mariana Mente Amplia", que dijo: "Estás buscando con demasiado ahínco una imagen espejada de ti misma. Estás juzgando a los demás con estándares muy estrechos, y esto te hace sentir infeliz y solitaria. Una relación sorpresiva está justo a la vuelta de la esquina. Descubrirás una nueva felicidad con una persona (Ámbar) que previamente juzgaste con dureza y de forma equivocada".

Teníamos estas ideas para agregar a las reflexiones de Lucía: "Eres como una roca, y hay claridad en tu corazón. Otras personas tienen más dudas. Le pediste a Ámbar que te acompañe. Tú no dudas de ti misma. Tu eres los ojos y Ámbar es las piernas. Si puedes ayudarla a ver tu visión, ella puede trabajar contigo para hacer realidad tus sueños".

Habla con tu niño interior

Lucía sabía qué decirle a su niña interior: "La cosecha es dorada, la tierra es llana, y tú eres libre para recolectar. Es tan maravillosa la vida que tienes. Eres capaz, y amas tanto la libertad que posees. Hacer lo que quieres es importante para ti, y ayudar te hace sentir capaz. Ahora te comprendo mejor".

Ahora es tu turno

Para aprender más sobre ti mismo, completa la siguiente ficha. Sigue las instrucciones de este capítulo como guía. Podrías invitar a amigos o familiares para que te ayuden, especialmente con la lluvia de ideas en las secciones Lógica Privada y Consejos.

Nombre: _____ Fecha: _____

Presente

Conflicto actual: _____

_____

Pasado

Recuerdo de la infancia: _____

_____

Lógica privada

Yo: _____

Los demás: _____

La vida: _____

Por lo tanto: _____

Futuro

Si nada cambia: _____

Las 3 A's

Autoconsciencia: _____

Aceptación: _____

Acción: _____

Consejos

Varita mágica: _____

Carta de Madame Dora: _____

Pensamientos: _____

Habla con tu niño interior: _____

_____

_____

_____

Ocho
Tesa: El costo del control

Presente

Problema actual: Tesa se sentía frustrada porque las personas la estaban decepcionando, así que decidió que no podía confiar en otros. Sabía que esto era contraproducente, porque estaba comenzando un nuevo emprendimiento laboral, y no era posible que ella hiciera todo sola.

Pasado

Recuerdo de la infancia: Tesa compartió lo siguiente: "Recuerdo una escena de cuando tenía 5 años. Estoy jugando con mi mamá y mi papá, y mi hermana, y es algo raro que estemos todos juntos, en la misma habitación. Papá juega bruto con nosotras y mamá se ríe. De pronto papá gira y con uno de sus brazos golpea la cuna de las muñecas y la rompe.

Veo a papá muy decaído y enojado consigo mismo. Deja de jugar con nosotras, se levanta y abandona la habitación con mucho enojo. Yo me había sentido feliz y entusiasmada mientras jugábamos, y también sorprendida porque era algo fuera de lo común.

Cuando papá rompió la cuna me sentí enojada, desilusionada, frustrada y como desesperada. Aún siendo tan pequeña, recuerdo haber pensado que todas las cosas buenas se van y que no puedo confiar en que las cosas puedan ser como yo quiero, y que no puedo confiar en otras personas".

La lógica privada de Tesa: Aquí van nuestras hipótesis acerca de la lógica privada de Tesa:

- No puedo confiar en las personas.

- Estoy contenta cuando las personas son agradables, pero me asusto y desilusiono cuando cambian.

- Los demás son inconsistentes e inclusive aterradores.

- Los demás deberían controlarse y comportarse.

- La vida es un lugar en donde todo lo bueno, se va, donde no puedo obtener ayuda ni apoyo por parte de otros, y donde lo mejor que puedo hacer es hacer las cosas por mí misma, y hacerlas por otros.

- Por lo tanto, yo tengo que ser la que es consistente, confiable, realmente buena, tengo que hacer las cosas y hacer también por otros.

Futuro

Si nada cambia: Tesa dijo: "Me doy cuenta que he llevado conmigo estas creencias durante toda mi vida. Si no hago cambios para el futuro, probablemente terminaré teniendo que trabajar realmente duro, teniendo que ser eficaz todo el tiempo, siendo quizás explotada por otros, y sintiéndome mal conmigo misma porque ahora sé que esto no es bueno".

Las 3 A´s

- **Autoconsciencia:** Tesa dijo: "Hacer esta actividad realmente me ayudó a tomar consciencia de lo duro que trabajo tratando de controlar mis vínculos".

- **Aceptación:** Tesa se dio cuenta de que estaba realmente enojada con otros que le permitían controlar todo, y que estaba enojada con ella misma también por ignorar sus propios sentimientos y deseos en el intento de ser una heroína para el resto del mundo.

- **Acción:** Tesa decidió que podía relajarse y confiar en que otros podían hacer el trabajo. En vez de controlar, ella podría registrar sus sentimientos acerca de los comportamientos de las otras personas, e inclusive hablar con ellos sobre esto.

Consejo

Tesa decidió sacar del mazo de Madame Dora, dos cartas. Los consejos que le dieron Carolina Confiada y Gaia Genuina fueron que ella no necesitaba controlar sus vínculos o tratar de controlar el futuro. Lo que sí debe hacer es vivir el presente, así como es, confiando en que se resolverá. Gaia Genuina también le dijo que deje de actuar como una heroína para conseguir el reconocimiento de las otras personas, porque los demás la querrán por quien ella es, no por quien ella desea que piensen que es.

Habla con tu niño interior

Le sugerimos a Tesa que fingiera que su niña interior de 5 años estaba ahí, frente a ella, y que le diga: "No hiciste nada malo. No hiciste que esto sucediera. No puedes cambiarlo por más que lo intentes. Está bien que juegues sola y que dejes que él se calme a sí mismo".

Ahora es tu turno

Para aprender más sobre ti mismo, completa la siguiente ficha. Sigue las instrucciones de este capítulo como guía. Podrías invitar a amigos o familiares para que te ayuden, especialmente con la lluvia de ideas en las secciones Lógica Privada y Consejos.

Nombre: _____ Fecha: _____

Presente

Conflicto actual: _____

_____

_____

Pasado

Recuerdo de la infancia: _____

_____

_____

Lógica privada

Yo: _____

Los demás: _____

La vida: _____

Por lo tanto: _____

Futuro

Si nada cambia: _____

Las 3 A´s

Autoconsciencia: _____

Aceptación: _____

Acción: _____

Consejos

Varita mágica: _____

Carta de Madame Dora: _____

Pensamientos: _____

Habla con tu niño interior: _____

_____

_____

_____

Nueve

Camila: Aprendiendo a ser alentadora contigo misma y con los demás

Presente

Problema actual: Camila y dos colegas suyas terminaron de dar una clase de crianza a un grupo de padres. Habían acordado que, una vez terminada la clase, una de las colegas escribiría un artículo resumiendo los beneficios de la clase para poder promover futuras actividades. Cuando después de un mes el artículo aún no había sido escrito, Camila dijo: "¡¿Qué, todavía no lo has escrito?! ¡ya ha pasado un mes!".

En el minuto en que las palabras salieron de su boca, Camila se dio cuenta de que a pesar que había decidido ser más alentadora, no estaba lográndolo. Se preguntaba qué lógica privada estaría interponiéndose en su camino.

Pasado

Recuerdo de la infancia. Este es el recuerdo que surgió: "Cuando yo tenía tres o cuatro años, como la mayoría de los niños en China en aquel momento, yo vivía con mis abuelos. Mi abuelo estaba enfermo y estaba sentado en el borde de la cama mientras yo jugaba en el suelo. Mi tía, que era la hija menor de mi abuelo, vivía con nosotros. Ella tenía más o menos 20 años y estaba intentando enseñarme una poesía china, pero yo no lograba memorizarla. Mi abuelo se impacientó y la retó diciéndole: "Deja de enseñarle, ¡es estúpida!". Cuando escuché esto, pensé que yo no le gustaba a mi abuelo. Me sentí triste y sola, y decidí que él tenía razón, que yo era estúpida y que no podía aprender nada.

La lógica privada de Camila. Si adivinas cómo sería su lógica privada, podría ser algo así:

- Soy estúpida y no puedo hacer las cosas bien.

- Los demás tienen derecho a juzgarme.

- La vida es un examen en el que no me va bien.

- Por lo tanto, no tiene sentido intentarlo.

Futuro

Si Nada Cambia: Aunque Camila había decidido ser más alentadora, cuando algo la estresaba, caía en hablarle a los demás igual que le habían hablado a ella cuando era niña. Ella sabía que esto era desalentador tanto para ella como para los demás.

Las 3 A´s

- **Autoconciencia:** El gran momento iluminador de Camila fue darse cuenta de que había permitido que otros la definieran desde que era muy pequeña. Había continuado con ese comportamiento en su adultez, juzgando a otros como ella había sido juzgada cuando era niña.

- **Aceptación:** Aunque le costaba admitirlo, se dio cuenta de lo desalentadora que estaba siendo, igual que los adultos de su niñez.

- **Acción:** Camila aprendió muchas habilidades nuevas como adulta. Una de las más útiles fue la de registrar y nombrar sus sentimientos. Aunque no puede hacerlo en momentos de estrés y confrontación (algo que casi nadie puede hacer), decidió que cuando estuviera más calmada, podría ponerle nombre al sentimiento y expresarlo para sí misma y para otros.

Consejo

Camila decidió tomar una carta del mazo de Madame Dora. Le tocó Matilde Madura. Matilde la aconsejó: "Deja de tomarte todo personal". Camila reconoció que ese consejo era útil. Lleva tiempo darse cuenta de que lo que las personas dicen, habla más sobre ellas mismas que sobre la persona a la que se dirigen. Con esta nueva consciencia, Camila podría retomar con coraje la conversación con su colega y hablarle simplemente de cómo se sentía por el hecho de que no había escrito ni publicado el texto, según lo había prometido. Camila sabe que se sentirá mejor si puede expresar sus sentimientos y que podrá hacerlo mejor si espera hasta estar calmada.

Nuestra recomendación a Camila es recordarle que está bien tener sentimientos y que, en vez de juzgarlos, ella puede aprender a nombrarlos. Una de nuestras colegas dice que podemos hacer tres cosas con los sentimientos: nombrarlos, reclamarlos y registrarlos. Para Camila, nombrar sus sentimientos sería decir que se sintió enojada, decepcionada y desilusionada. Reclamarlos significa admitir hacia ella misma que así es como se siente. Registrarlos es hacer lo que le sugerimos a Camila que hiciera en la sección *Consejo*- compartir sus pensamientos y sentimientos con sus colegas una vez que haya recuperado la calma.

Habla con tu niño interior

Camila podría decirle a su niño interior: " No debes creer lo que dijo tu abuelo. Es más que natural que los niños se tomen su tiempo para memorizar una poesía, y es natural que no puedas aprenderla en un día. Eres como todos los niños, y eres única. Cree en tí misma".

Ahora es tu turno

Para aprender más sobre ti mismo, completa la siguiente ficha. Sigue las instrucciones de este capítulo como guía. Podrías invitar a amigos o familiares para que te ayuden, especialmente con la lluvia de ideas en las secciones Lógica Privada y Consejos.

Nombre: _____ Fecha: _____

Presente

Conflicto actual: _____

_____

_____

Pasado

Recuerdo de la infancia: _____

_____

_____

Lógica privada

Yo: _____

Los demás: _____

La vida: _____

Por lo tanto: _____

Futuro

Si nada cambia: _____

Las 3 A´s

Autoconsciencia: _____

Aceptación: _____

Acción: _____

Consejos

Varita mágica: _____

Carta de Madame Dora: _____

Pensamientos: _____

Habla con tu niño interior: _____

_____

_____

_____

Diez
Carlos: Lidiando con sentimientos de vergüenza y culpa

Presente
¿Cómo deseo pasar mi tiempo de forma productiva?

Pasado
Recuerdo de la infancia: Carlos dijo: "Estoy en un campamento Scout (tengo 8 o 9 años). Estoy de un lado de un arroyo o quebrada. Casi todos los niños pueden saltar al otro lado sin problemas, y cuando yo intento saltar, acabo en el agua. Me sentí avergonzado e inadecuado".

    La lógica privada de Carlos: Hicimos una lluvia de ideas junto con Carlos, y llegamos a esta lista de hipótesis acerca de las creencias que formó cuando tenía 8 años y que aún continúan operando en él hoy:

- En realidad, no lo intento con tanta fuerza.

- Me retraigo porque tengo miedo.

- Me decepciono de mí mismo por no intentarlo lo suficiente.

- No puedo tener éxito porque pienso que voy a cometer errores.

- Siento vergüenza si no tengo éxito inmediatamente.

- Creo que soy inadecuado, algo que hace que no pruebe cosas nuevas ni aprenda de la experiencia.

- Pienso que como no soy perfecto, no debería molestarme intentando porque solamente me avergonzaría de mí mismo y me sentiría inadecuado.

- Los demás pueden tener éxito sin ningún problema.

- La vida es un lugar en el que se avanza saltando; es un desafío y una competencia en la que no puedo ganar.

- Por lo tanto, no lo intento demasiado y terminó en el agua. Ya he decidido que no puedo lograrlo así que me rindo antes de comenzar.

Futuro

Si nada cambia: Carlos dijo: "Seguiré rindiéndome antes de empezar porque ya he decidido que no puedo hacerlo así que para qué intentarlo".

Las 3 A´s

- **Autoconsciencia:** La expresión de Carlos se tornó triste con su descubrimiento. "Estoy acostumbrado a hacer las cosas que puedo hacer bien o perfectamente bien desde el principio. En el minuto que tengo cualquier problema, no me molesto en intentarlo o en aprender haciendo".

- **Aceptación:** Yendo hacia atrás en su vida, Carlos se dio cuenta de cuánto se había quedado atrapado haciendo lo que le resultaba fácil y lo rápido que se había rendido cuando algo presentaba una dificultad.

- **Acción:** Carlos se dio cuenta de que tenía que involucrarse y probar para experimentar cómo era algo para él y si era algo que él quería hacer. "Una vez que he intentado con fuerza algo que me interesa, puedo confiar en mis sentimientos y decidir si lo continúo o si miro hacia otro lado".

Consejo

Con una sonrisa, Carlos revolvió el mazo de las cartas de Madame Dora y sacó al azar, Vicente Valiente, quien le aconsejó: "¡Prueba de nuevo!".

También eligió una carta del mazo de crianza: tomó la de "soltar". Carlos dijo: "Yo le diría al pequeño niño en mí que suelte la idea de que debe competir para ser como los demás. Le diría que simplemente salga allí afuera e intente ser él mismo".

Si nos comparamos con otros o con alguna percepción sobre lo que debería ser, podemos estar seguros de que nos frenaremos de hacer cualquier cosa. La vergüenza y la culpa tienen todo que ver con los "debería". Cometer errores es parte de la naturaleza humana, así que, en vez de compararte con otros, si te equivocas, ¡simplemente intenta una vez más!

Habla con tu niño interior

Carlos tiene mucha experiencia hablando con su niño interior. Él dijo: "Debes haber creído que no lograrías cruzar al otro lado, y eso debe haberte avergonzado. Sé tú mismo y brillarás a tu manera".

Ahora es tu turno

Para aprender más sobre ti mismo, completa la siguiente ficha. Sigue las instrucciones de este capítulo como guía. Podrías invitar a amigos o familiares para que te ayuden, especialmente con la lluvia de ideas en las secciones Lógica Privada y Consejos.

Nombre: _____ Fecha: _____

Presente

Conflicto actual: _____

_____

_____

Pasado

Recuerdo de la infancia: _____

_____

_____

Lógica privada

Yo: _____

Los demás: _____

La vida: _____

Por lo tanto: _____

Futuro

Si nada cambia: _____

Las 3 A´s

Autoconsciencia: _____

Aceptación: _____

Acción: _____

Consejos

Varita mágica: _____

Carta de Madame Dora: _____

Pensamientos: _____

Habla con tu niño interior: _____

_____

_____

_____

_____

Once

Max: ¿Estoy listo para la paternidad?

Presente

Problema actual: Cuando Max se enteró de que Anita estaba efectivamente embarazada, y escucharon por primera vez el latido del corazón del bebé, se sintió animado después de todo lo que habían tenido que pasar para llegar hasta ahí. Estaba contento, pero también preocupado porque eso que había deseado tanto ya no era una idea, sino un ser vivo. Max quiere ser padre y a la vez seguir siendo y haciendo lo que desea. Le preocupa que esto sea un conflicto porque quiere que sus ingresos sigan alcanzándole para el nivel de vida al que apunta: auto, casa, escuela, y a la vez quiere seguir disfrutando de la libertad necesaria para realizar actividades (sobre todo al aire libre) que requieren de tiempo libre, más allá del dinero. Se está sintiendo en conflicto y en duda acerca de si podrá tener todo a la vez.

Pasado

Recuerdo de la infancia: Max recordó: "Yo era un adolescente cuando mi papá y yo fuimos de mochileros a Trinidad, y luego a una granja llamada "La granja de los cerdos". Tuve en esa ocasión una sensación de libertad y de diversión que combinaba lo mejor de los dos mundos: una actividad al aire libre y por otro lado el festival. Me sentí libre, no atado, feliz, y liberado de responsabilidades".

La lógica privada de Max: El recuerdo de Max refleja su idea acerca de cómo debería ser la

vida. Acá están nuestras hipótesis acerca de la lógica privada de Max.

- Quiero mucha libertad y diversión.

- No quiero tener que escoger entre libertad y responsabilidad.

- Otros (como mi padre) me introducen en el mundo de la diversión y me encanta compartir eso juntos.

- La vida es mejor cuando libertad y diversión se dan combinadas, especialmente al aire libre.

- Por lo tanto, me reúno con otros para ir detrás de esta diversión y libertad.

Futuro
Si nada cambia. Max dijo: "No puedo imaginarnos a mí, a Anita y a nuestro hijo viviendo en una casa en el campo, rodeados de bosque y sin cerca, sintiéndonos felices y no cubiertos de preocupaciones, a pesar de que esto es lo que quiero".

Las 3 A´s

- **Autoconsciencia:** Como casi todas las personas que enfrentan la paternidad por primera vez, Max está muy consciente de sus sentimientos encontrados. Su alta estima por la libertad, dice, parece contra-intuitiva al deseo de un hijo. Dice que, en algunos sentidos, tener un hijo podría ser liberador. "Podría traer al niño conmigo", dice, y agrega que eso sería tan disfrutable para él que incluir al niño no sería entonces una carga. Al mismo tiempo, tiene una sensación de no tener ningún control sobre lo que sucederá en su futuro, "empezando por si es niño o niña, o si el niño hará lo que quiera y será mi maestro, o si hará lo que yo quiero hacer".

- **Aceptación:** Max acepta que el desafío más grande para él es permanecer presente. "Quiero decirme a mí mismo que todo va a salir bien. Las cosas van a estar bien, aunque haya dificultades".

- **Acción:** Max dice que quiere enfocarse en mantenerse presente y no estar lidiando con demasiadas personas o temas a la vez. "Estar presente me permitirá descubrir esas cosas buenas, cada día. Puedo enfocarme en ir un poco más lento, y en vivir de forma más simple, creando tiempo en mi día para el silencio y la quietud, y tiempo para reflexionar".

Consejo

La carta de Madame Dora que Max eligió al azar fue Carolina Confiada, que le dijo: "Todo estará bien. Si estás preguntando por el futuro, puedo garantizarte en el largo plazo todo se arreglará, siempre y cuando te concentres ahora en cómo estás viviendo tu vida hoy". ¿No es esto totalmente apropiado?

Le sugerimos a Max que se diera cuenta de que está exactamente donde debe estar. Le recordamos que no está solo haciéndose las preguntas y con las preocupaciones que hoy le pesan. A pesar de que tienen mucho que ver con su identidad, son preguntas y dudas que -de una u otra forma- surgen en todas las personas cuando les llega la paternidad. Le recordamos que él podrá ser un padre conectado, y que podrá encontrar el balance que busca sin comprometer su esencia y siendo para su hijo un buen líder y guía.

Habla con tu niño interior

Dile, "Algún día serás padre y podrás compartir tu amor por la vida al aire libre con tus hijos. Ellos tendrán mucha suerte de poder vivir aventuras contigo".

Ahora es tu turno

Para aprender más sobre ti mismo, completa la siguiente ficha. Sigue las instrucciones de este capítulo como guía. Podrías invitar a amigos o familiares para que te ayuden, especialmente con la lluvia de ideas en las secciones Lógica Privada y Consejos.

Nombre: _____ Fecha: _____

Presente

Conflicto actual: _____

_____

_____

Pasado

Recuerdo de la infancia: _____

_____

_____

Lógica privada

Yo: _____

Los demás: _____

La vida: _____

Por lo tanto: _____

Futuro

Si nada cambia: _____

Las 3 A´s

Autoconsciencia: _____

Aceptación: _____

Acción: _____

Consejos

Varita mágica: _____

Carta de Madame Dora: _____

Pensamientos: _____

Habla con tu niño interior: _____

_____

_____

_____

_____

Doce

Rolando: ¿Estaré perdiendo capacidad mental?

Presente

Problema actual: A sus sesenta y cinco años, Rolando estaba teniendo dificultades para recordar cosas, especialmente en el trabajo. "Estoy siempre preguntándome si habré hecho todo lo que tenía que hacer, teniendo que volver sobre mis pasos y verificar de nuevo para ver si hice algo o no lo hice". Estaba sintiéndose asustado y preocupado pensando en que estaba perdiendo capacidad mental. También dijo que se sentía enojado porque esto crea mucho más trabajo para él porque necesita hacer notas y listas extensas, luego volver a verificar las listas para asegurarse de que sean precisas. Este comportamiento aumenta exponencialmente su carga laboral porque piensa que tiene que repetir todo.

Nos dio algunos ejemplos: "En una teleconferencia, estaré intentando obtener información de las personas que participan, pero no puedo recordar si se las he pedido durante la reunión o si la obtuve antes. O estaré agendando una cita y me sentiré ansioso pensando si no habré agendado algo antes para esa misma fecha. Me siento avergonzado, enojado, y resentido por el fastidio extra".

Pasado

Recuerdo de la infancia: El primer recuerdo que vino de forma vívida a la memoria de Rolando fue algo que había sucedido apenas diez años

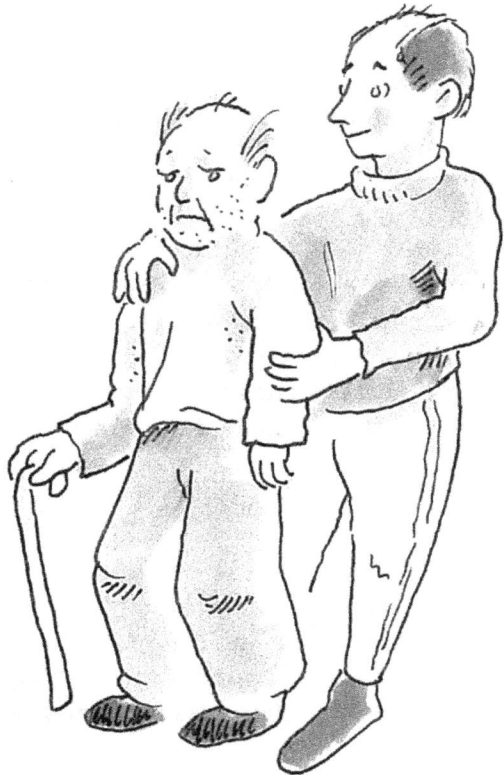

atrás. "Mi padre perdió una buena parte de su capacidad mental antes de morir. Una vez que había ido al mercado, no podía recordar a dónde había aparcado su auto y estaba dando vueltas sin rumbo por el barrio hasta que un vecino lo vio y lo ayudó a volver a su casa. Esto me generó mucha tristeza por mi papá. Pensé: 'Está perdiendo su independencia y esto impactará enormemente en su estilo de vida. Probablemente no podrá manejar ni salir solo nunca más'".

La lógica privada de Rolando: Hicimos una lluvia de ideas acerca de las decisiones que habría podido tomar:

- Siento empatía por los demás.

- Veo las formas en las que el cambio de vida los afecta cuando envejecen, sin que puedan arreglar esto.

- Otros deben ayudarlos en este proceso de ser cada vez más dependientes.

- La vida es un lugar en la que la vejez viene acompañada de pérdidas, y de cambios que no nos gustan y que no podemos arreglar.

- La vida es un lugar en el que otros nos cuidan y vamos perdiendo nuestra independencia.

- Por lo tanto, me preocupo que esto ya esté sucediéndome a mí.

Futuro

Si nada cambia: Rolando está preocupado por no ser capaz de hacer su trabajo por los errores que comete. Dijo: "No tengo un sistema ni los recursos para hacer malabares con todos los temas a la vez. Si he coordinado dos citas para la misma hora, tengo que decidir a quién le daré la mala noticia, pedir disculpas por el error, y comenzar de cero de nuevo. Me siento enojado, resentido y avergonzado. En un nivel más profundo, me pregunto si estoy a la altura de este trabajo".

Las 3 A´s

- **Autoconsciencia:** Rolando dijo: "Soy consciente de que estoy preocupado, inclusive un poco asustado, de envejecer, porque quizás estos cambios mentales que vienen con la vejez son parte de la herencia familiar y podrían ya estar sucediéndome a mí".

- **Aceptación:** Reconociendo que ninguna persona se había quejado o había puesto de manifiesto ninguno de los errores que había cometido, Rolando dijo: "Puede ser que no sea un problema para nadie más porque nadie me ha hecho una devolución al respecto". Pero es un problema para él, ya que invierte una enorme cantidad de tiempo y energía en desarrollar mnemotécnicas y listas de recordatorios que no había tenido que utilizar antes.

- **Acción:** Rolando ya está adoptando nuevas conductas para lidiar con el desafío: asegurarse de que duerme lo suficiente, evitando el alcohol durante la semana, y manejando su estrés a través de la actividad física diaria. Se recuerda a sí mismo que puede seguir un año más, antes de pensar en retirarse, y que podrá ponerle fuerza hasta ese momento.

Consejo

Le sugerimos a Rolando que imagine que tiene una varita mágica para utilizar en esta situación. ¿Qué cambiaría? Él dijo: "Que haya menos ocupaciones. ¡Eso sería perfecto!".

Le ofrecimos una sugerencia final: Rolando podía retirarse ahora. O podría hacerse estudios acerca de lo que teme le estaría sucediendo. Podría también preguntarles a otros y pedir su honesta opinión.

Habla con tu niño interior

También le preguntamos a Rolando qué le diría a su niño interior acerca de lo que estaba pasando, y respondió: "Cuando eras un niño, creíste que la vida seguiría siendo así para siempre. Ahora que eres un adulto, sabes que tanto las personas como la vida pueden cambiar, y no hay forma de que esto no sea así. ¡Aprovecha el día!".

Ahora es tu turno

Para aprender más sobre ti mismo, completa la siguiente ficha. Sigue las instrucciones de este capítulo como guía. Podrías invitar a amigos o familiares para que te ayuden, especialmente con la lluvia de ideas en las secciones Lógica Privada y Consejos.

Nombre: _____ Fecha: _____

Presente

Conflicto actual: _____

_____

_____

Pasado

Recuerdo de la infancia: _____

_____

_____

Lógica privada

Yo: _____

Los demás: _____

La vida: _____

Por lo tanto: _____

Futuro

Si nada cambia: _____

Las 3 A´s

Autoconsciencia: _____

Aceptación: _____

Acción: _____

Consejos

Varita mágica: _____

Carta de Madame Dora: _____

Pensamientos: _____

Habla con tu niño interior: _____

_____

_____

_____

Trece

Margarita: Cambio laboral inesperado

Presente

Problema actual: Margarita nos contó que esta actividad le llegaba en un momento muy oportuno porque en su iglesia habían decidido cambiar el enfoque del trabajo con matrimonios y familias. Margarita y su esposo Mario han trabajado con familias durante 30 años, ofreciendo consejería espiritual, y este cambio de enfoque en su iglesia seguramente impactaría su trabajo.

Pasado

Recuerdo de la infancia: Rápidamente Margarita recordó y compartió con nosotros un recuerdo de cuando tendría entre ocho y diez años. En su recuerdo, estaba volviendo después de andar en bicicleta con su hermana, y su mamá las abordó en la puerta para decirles que su tortuga se había escapado. Margarita se sintió confundida y sorprendida, y pensó: "¿cómo se escapa una tortuga?".

    La lógica privada de Margarita: Intentamos adivinar algo sobre la lógica privada de Margarita a partir de su recuerdo. Margarita es activa. A Margarita le gusta pasar tiempo acompañada. Margarita tiene ideas muy sólidas acerca de lo que está bien, de lo que está mal, de lo que es posible o imposible. Margarita cuestiona aquellas cosas que ella cree irracionales. Organizando la lógica privada en las categorías *Yo, los demás, la vida y por lo tanto*, basándonos en el recuerdo, podría sonar así:

- Yo soy lógica, activa y compañera.

- Los demás disfrutan cuando están conmigo.

- Los demás no siempre son claros y lógicos.

- La vida es predecible, y cuando no lo es, es una sorpresa.

- Por lo tanto, intento desenmascarar enigmas yo sola.

Margarita rápidamente encontró la conexión entre su recuerdo y su problema actual. La situación con su iglesia era sorprendente y confusa para ella. Se preguntaba cómo podía ser que su iglesia dejara de enfocarse en la consejería espiritual y la educación de padres. Mientras más lo pensaba, se preguntaba si la iglesia ya habría cambiado de dirección y si sería por eso que Mario y ella no habían recibido ninguna llamada de trabajo durante meses. Ella y Mario seguían operando asumiendo que todavía nada había cambiado. Inclusive habían entrenado a dos parejas y estaban convocando a más personas que podrían involucrarse en la consejería espiritual. Margarita sabía que lo que estaba pasando en la iglesia estaba mal y estaba siendo muy pobremente manejado.

Cuando tenía que decidir qué hacer con la situación, Margarita honró su sentido de la responsabilidad y confió en que todo mejoraría. No le planteó el tema a la iglesia ni a la otra pareja a la que estaban entrenando. Ella dijo: "Mario y yo no estamos listos para decirles 'hasta luego' a la iglesia ni a la consejería espiritual, así que debemos encontrar un camino que incluya a ambos.

Las 3 A's

- **Autoconsciencia:** Margarita dijo: "Soy consciente de que *no* soy consciente de todas las cosas que las personas piensan, especialmente no soy consciente de la visión de quienes toman las decisiones".

- **Aceptación:** El comentario de Margarita fue: "Es lo que es, pero cuando miro hacia atrás en mi vida, me doy cuenta de que tengo dificultades para aceptar cuando los líderes toman una decisión, y no ayudan a los demás a tomar consciencia de lo que está sucediendo".

- **Acción:** Margarita tenía clara cuál sería su acción. Dejaría de tomarse las cosas de forma personal, de guardarse sus pensamientos y sentimientos, y de culparse a sí misma. En vez, intentaría alivianarse, aceptar los cambios y compartir sus pensamientos y sentimientos con otras personas. Riéndose, dijo: "Ese es el consejo que le doy a muchas personas". Después con un gran "aj" de reconocimiento, Margarita dijo: "¡Estoy haciendo lo que no me gusta en otros! Estoy guardándome mis sentimientos, pensamientos y opiniones para mí sola".

Consejo

Pensando en lo que había experimentado Margarita, recordamos que lo que sucede en nuestras vidas, nos impacta y genera sentimientos en nosotros, pero nosotros no lo causamos ni es nuestra culpa. "A veces es demasiado fácil culparse a uno mismo, o sentir pena por uno mismo, o creer que uno es la víctima. Uno tiene en realidad muchas opciones de acción en cada situación".

Animamos a Margarita para que, cuando se sienta atrapada en alguna situación de vida sin poder pensar en qué acción tomar, pueda inspirarse a través de estos cuatro caminos:

- Puede fingir que tiene una varita mágica que puede utilizar en la situación para cambiarla. Esto le dará una imagen clara de cómo le gustaría a ella que la vida fuera, lo cual es muy útil para mantener la visión clara.

- Puede utilizar las cartas de Madame Dora, tomando una al azar para ver qué le aconsejan. Sólo el hecho de saber que existen opciones, es liberador.

- O puede preguntarle a otra persona qué haría en su situación. Una vez más: ayuda tener consciencia de otras perspectivas y otras lógicas privadas para sopesar la situación.

- Finalmente, ella puede aceptar que la vida no es como ella piensa que debería ser y decidir entonces cómo manejará su desilusión.

Habla con tu niño interior

También le preguntamos a Margarita qué le diría ella a su niña interior acerca de lo que está sucediendo. Ella dijo: "No cambia nada la forma en la que la tortuga desapareció. Tú amabas a tu tortuga y ahora ya no está. Lo siento tanto. Quizás en algún punto más adelante, podrías pensar en tener otra mascota. Voy a estar ahí para ayudarte".

Ahora es tu turno

Para aprender más sobre ti mismo, completa la siguiente ficha. Sigue las instrucciones de este capítulo como guía. Podrías invitar a amigos o familiares para que te ayuden, especialmente con la lluvia de ideas en las secciones Lógica Privada y Consejos.

Nombre: _____ Fecha: _____

Presente

Conflicto actual: _____

_____

_____

Pasado

Recuerdo de la infancia: _____

_____

_____

Lógica privada

Yo: _____

Los demás: _____

La vida: _____

Por lo tanto: _____

Futuro

Si nada cambia: _____

Las 3 A´s

Autoconsciencia: _____

Aceptación: _____

Acción: _____

Consejos

Varita mágica: _____

Carta de Madame Dora: _____

Pensamientos: _____

Habla con tu niño interior: _____

_____

_____

_____

_____

Catorce
Tania: Esperando al Príncipe Azul

Presente

Problema actual: Tania dijo que a ella le parecía una tortura tener citas, le resultaba difícil y una pérdida de tiempo. Cuando pensó en sus experiencias con las citas, decidió olvidarse todo lo que tenía que ver con el tema. Esto, desafortunadamente, entraba en conflicto con su deseo de ser parte de una relación romántica de pareja. .

Pasado

Recuerdo de la infancia: Para descubrir qué lógica privada podría estar sosteniendo este problema, le pedimos a Tania que pensara en el primer recuerdo de su infancia que se le viniera a la mente, y que describiera qué edad tenía, qué pasaba, y cómo se sentía. Nos preguntó si debía pensar en su primera experiencia en una cita, y le explicamos que, como ya tenía en mente el problema para el que necesitaba ayuda, podía traer a su mente *cualquier* recuerdo. Aunque el recuerdo no tuviera que ver con una cita, la ayudaría a comprender su lógica privada. Esto fue lo que apareció:

"Cuando tendría unos cuatro años, hubo una gran, gran tormenta. Cuando terminó, mi papá me subió a sus hombros y juntos recorrimos el barrio, mirando los árboles caídos, mientras él hablaba a los vecinos. Fue divertido y me sentí feliz".

La lógica privada de Tania: Muchas personas tienen memorias que revelan su lógica privada acerca de cómo "debería ser la vida". Ésta de Tania es un buen ejemplo. Estas son las hipótesis que planteamos acerca de cuáles serían sus creencias, basándonos en el recuerdo que compartió:

- No tengo que preocuparme por nada.

- Estoy feliz cuando estoy por encima de todo.

- Otros me cargan y llevan.

- Otros hacen el trabajo, analizando el daño.

- La vida debería ser divertida y segura -un lugar en el que las tormentas y el daño están lejos de mí.

- Por lo tanto, espero que sean otros los que lidien con los daños.

Futuro

Si nada cambia. Si Tania continúa su vida operando desde esta lógica, ¿cómo podría esto impactar su habilidad para estar en una relación romántica? Podría quizás encontrar a alguien que, temporalmente, esté dispuesto a lidiar con todos los problemas que surjan, pero probablemente esta no sea una receta para una relación de largo plazo.

Las 3 A´s

- **Autoconsciencia:** Con una risa apesadumbrada, Tania reconoció que ella era una persona que no quiere hacer nada para conseguir lo que desea. Ella sólo quiere que sea divertido y fácil, y que otros hagan el trabajo y vean cómo son las cosas.

- **Aceptación:** Tania dijo: "La realidad es que prefiero no tener que trabajar para encontrar una relación".

- **Acción:** Tania decidió que lo mejor sería tener fe en que si existía una relación para ella, no debía trabajar para encontrarla porque ésta la encontraría a ella.

Consejo

En este punto le presentamos a Tania a Madame Dora, y le preguntamos si estaría dispuesta a elegir una carta para recibir consejo. Sin mirar, tomó la carta de Olivia, Optimista, que dice: "Busca el regalo en cada experiencia. Esta vez obtendrás lo que deseas si esperas y confías en que lo mejor puede suceder. El universo está de tu lado, y lo que deseas se aproxima".

Habla con tu niño interior

Tania podría decirle a su niña interior, "¡Tu paseo a caballito; está justo a la vuelta de la esquina!"

Ahora es tu turno

Para aprender más sobre ti mismo, completa la siguiente ficha. Sigue las instrucciones de este capítulo como guía. Podrías invitar a amigos o familiares para que te ayuden, especialmente con la lluvia de ideas en las secciones Lógica Privada y Consejos.

Nombre: _____ Fecha: _____

Presente

Conflicto actual: _____

_____

_____

Pasado

Recuerdo de la infancia: _____

_____

_____

Lógica privada

Yo: _____

Los demás: _____

La vida: _____

Por lo tanto: _____

Futuro

Si nada cambia: _____

Las 3 A´s

Autoconsciencia: _____

Aceptación: _____

Acción: _____

Consejos

Varita mágica: _____

Carta de Madame Dora: _____

Pensamientos: _____

Habla con tu niño interior: _____

_____

_____

_____

_____

Conclusión
Ahora es tu turno

Este libro está diseñado para acompañar *Terapia hazlo tú mismo* [2] y *Conocerme es Amarme* [3,] que componen el currículum que utilizan los Encouragement Consultants (Consultores de Encouragement). El propósito de la autora Lynn Lott ha sido siempre mejorar las vidas de las personas, aumentando las formas en que se alientan a sí mismas y a los demás. Ella pasa la mayor parte de su tiempo ayudando a las personas a sentirse mejor y a actuar mejor. Creó un modelo llamado *Encouragement Consultant* (EC) para las personas que tienen el deseo de crecer y de cambiar, y de permanecer abiertas a las posibilidades. Si tú tienes el deseo de crecer y de tomar consciencia de lo que está sucediendo a tu alrededor y de tu participación en eso, y si puedes aceptar sin juicio, que lo que es, *es*, muchas opciones se presentan. Estas opciones incluyen acciones como cambiar tus pensamientos, cambiar tus sentimientos, y/o cambiar tu comportamiento. Como tus pensamientos, sentimientos y comportamientos están interrelacionados, si cambias uno, cambias los demás también.

Todo esto puede ser realizado sin drogas, aunque la forma moderna de pensar trate de convencerte de lo contrario. EC es un modelo de aliento y empoderamiento, más que un modelo de patología. Pensamos que cuando tus vínculos no están funcionando (ya sea con tus hijos, pareja, amigos, colegas o contigo mismo) es porque estás desalentado, no enfermo. Si esto es verdad, entonces tienes que *buscar formas de sentirte alentado y de alentar a los demás*. ¡Hay tantas!

Uno de los propósitos del programa EC es ayudarte a conectar con tu niño interior y luego encontrar las formas en las que ese niño está desalentado. Con las habilidades de vida que tienes y las que hayas aprendido estudiando obras como *La Psicología Individual* de Alfred Adler; *Children: The Challenge* de Rudolf Dreikurs; y libros de Jane Nelsen, Lynn Lott y otros, como la serie *Disciplina Positiva*, puedes sanar a tu niño herido, cambiando el desaliento por el aliento y ayudando a que tu niño interior crezca y se convierta en un adulto sano.

---

2   Lynn Lott & Barbara Mendenhall, 2015.

3   Lynn Lott, Marilyn Matulich Kentz & Dru West, 2015.

EC se está propagando por todo el mundo y es especialmente popular en China, México y Sudamérica. Hay muchas oportunidades para aprender a utilizar EC para alentarte a ti mismo y a los demás y así formar parte de este universo que crece. Para más información, puedes visitar la página web de Lynn (www.lynnlottec.com) o contactarla por medio de e-mail (lynnlott@sbcglobal.net).

www.ingramcontent.com/pod-product-compliance
Lightning Source LLC
Chambersburg PA
CBHW060039050426

42448CB00012B/3082